Das komplette
Air Fryer Kochbuch

Leckere & kohlenhydratarme
Rezepte, die Sie bei Verstand halten
werden

Jamey Pusey

INHALTSVERZEICHNIS

EINLEITUNG

Eine Luftfritteuse ist ein kleines Gerät, wie ein Mini-Konvektionsofen, das ein schnelles Luftzirkulationssystem zum Garen von Speisen verwendet. Die Technologie funktioniert, indem heiße Luft um die Lebensmittel zirkuliert, so dass sie die Feuchtigkeit im Inneren der Lebensmittel erwärmt. Diese Feuchtigkeit wird als Dampf freigesetzt und das Essen gart. Eine Heißluftfritteuse verwendet heiße Luft, um das Essen knusprig zu machen, was die Verwendung von Frittieröl überflüssig macht. Durch die Zirkulation heißer Luft um das Essen verdampft die Feuchtigkeit im Essen. Luftfritteusen werden aufgrund ihrer Vielseitigkeit immer beliebter. Luftfritteusen können eine Reihe von verschiedenen Lebensmitteln garen, darunter Gemüse, Fleisch, Meeresfrüchte und panierte Lebensmittel. Es gibt eine Vielzahl von Luftfritteusen auf dem Markt. Einige sind so konzipiert, dass sie Ihre Friteuse ersetzen, während andere mit weniger Fett und Öl garen.

Bedientasten und voreingestellte Funktionen

Zunächst sind die beschrifteten Tasten zu beachten. Der Timer befindet sich oben links und kann zum Einstellen einer Zeit für das Garen verwendet werden, während sich die Power-Taste oben rechts befindet und zum Ein- und Ausschalten verwendet werden kann. Je nachdem, wofür Sie Ihre Fritteuse verwenden, unterscheiden sich einige Tasten, wie z. B. "Braten", in ihrer Funktionsweise. Die voreingestellten Funktionen befinden sich am unteren Rand mit den entsprechenden Symbolen, die ihre Funktion darstellen, wie z. B. "Dämpfen" durch einen Teekessel, "Braten" und "Grillen". Es gibt noch eine weitere Taste, die "Auto-Shut-Off" heißt. Diese befindet sich an der unteren rechten Seite und sollte vor der Einschalttaste gedrückt werden. Damit können Sie eine Zeit voreinstellen und das Gerät so einstellen, dass es sich automatisch ausschaltet, sobald es fertig ist.

Voreingestellte Funktionen

1. Luftfritieren: Diese Funktion ist ideal zum Luftfritieren Ihrer Lieblingsspeisen wie Pommes frites, Hähnchenflügel, Gemüse, Mozzarella-Sticks und mehr bei minimaler Fett- und Ölmenge. Sie spart mehr als 70 % an Öl und Fetten im Vergleich zur Frittiermethode, ohne den Geschmack und die Konsistenz von frittierten

Speisen zu beeinträchtigen. Verwenden Sie bei der Nutzung dieser Funktion immer einen Deckel für die Luftfritteuse.

2. Langsam kochen: Mit dieser Funktion können Sie Ihren Powergrill in einen Slow Cooker verwandeln. Er gart Ihr Essen bei niedriger Temperatur für eine lange Zeit und bringt die Aromen in Ihr Essen. Mit dieser Funktion können Sie verschiedene Lebensmittel bei niedriger Temperatur garen, ohne dass deren Nährwerte verloren gehen. Verwenden Sie einen Glasdeckel, wenn Sie diese Funktion verwenden.

3. Dämpfen: Diese Funktion verwandelt Ihren Air Fryer-Grill in einen Dampfgarer. Eine kleine Menge Wasser, die ihren Siedepunkt erreicht, erzeugt Dampf. Verwenden Sie bei Verwendung dieser Funktion ein Dämpfgitter und einen Glasdeckel.

FRÜHSTÜCK

1. Kräutertomaten

Zubereitungszeit: 10 Minuten

Kochzeit: 15 Minuten

Portionen: 2

Zutaten:

- 2 große Tomaten, halbiert und das Innere ausgehöhlt
- Salz und schwarzer Pfeffer, nach Geschmack
- ½ Esslöffel Olivenöl
- 1 Knoblauchzehe, gehackt
- ¼ Teelöffel Thymian, gehackt

Wegbeschreibung:

1. Mischen Sie in der Luftfritteuse die Tomaten mit Thymian, Knoblauch, Öl, Salz und Pfeffer.

2. Mischen Sie und kochen Sie bei 390F für 15 Minuten.

3. Servieren.

Ernährung: Kalorien: 112 Fett: 1g Kohlenhydrate: 4g Eiweiß: 4g

2. Luftgebratener Lauch

Zubereitungszeit: 10 Minuten

Kochzeit: 7 Minuten

Portionen: 2

Zutaten:

- 2 Lauchstangen, gewaschen, Enden abgeschnitten und halbiert
- Salz und schwarzer Pfeffer, nach Geschmack
- ½ Esslöffel Butter, geschmolzen
- ½ Esslöffel Zitronensaft

Wegbeschreibung:

1. Lauch mit geschmolzener Butter einreiben und mit Salz und Pfeffer würzen.

2. Legen Sie es in die Heißluftfritteuse und garen Sie es bei 350 F für 7 Minuten.

3. Auf einer Servierplatte anrichten. Mit Zitronensaft beträufeln und servieren.

Ernährung: Kalorien: 100 Fett: 4g Kohlenhydrate: 6g Eiweiß: 2g

3. Knuspriger Brokkoli

Zubereitungszeit: 10 Minuten

Kochzeit: 10 Minuten

Portionen: 4

Zutaten:

- 1 großer Kopf frischer Brokkoli
- 2 Teelöffel Olivenöl
- Esslöffel Zitronensaft

Wegbeschreibung:

1. Spülen Sie den Brokkoli und tupfen Sie ihn trocken. Schneiden Sie die Röschen ab und trennen Sie sie. Sie können auch die Brokkolistiele verwenden; schneiden Sie sie in 1″ große Stücke und schälen Sie sie.

2. Schwenken Sie den Brokkoli, das Olivenöl und den Zitronensaft in einer großen Schüssel, bis er bedeckt ist.

3. Braten Sie den Brokkoli in der Heißluftfritteuse schubweise für 10 bis 14 Minuten oder bis der Brokkoli knusprig-zart und an den Rändern leicht braun ist. Wiederholen Sie den Vorgang mit dem restlichen Brokkoli. Sofort servieren.

Ernährung: Kalorien: 63; Fett: 2g Protein: 4g; Kohlenhydrate: 10g; Natrium: 50mg; Ballaststoffe: 4g;

4. Mit Knoblauch geröstete Paprikaschoten

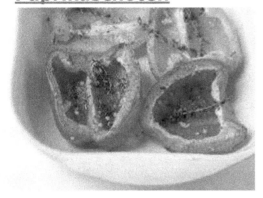

Zubereitungszeit: 5 Minuten

Kochzeit: 20 Minuten

Portionen: 4

Zutaten:

- 4 Paprikaschoten, beliebige Farben, entstielt, entkernt, die Membranen entfernt und in Viertel geschnitten
- 1 Teelöffel Olivenöl
- 4 Knoblauchzehen, gehackt
- ½ Teelöffel getrockneter Thymian

Wegbeschreibung:

1. Legen Sie die Paprikaschoten in den Korb der Luftfritteuse und beträufeln Sie sie mit Olivenöl. Vorsichtig schwenken. 15 Minuten lang rösten.

2. Mit dem Knoblauch und Thymian bestreuen. Braten Sie sie weitere 3 bis 5 Minuten oder bis sie weich sind. Sofort servieren.

Ernährung: Kalorien: 36; Fett: 1g Protein: 1g; Kohlenhydrate: 5g; Natrium: 21mg; Ballaststoffe: 2g;

5. Spargel mit Knoblauch

Zubereitungszeit: 5 Minuten

Kochzeit: 10 Minuten

Portionen: 4

Zutaten:

- 1 Pfund Spargel, abgespült, Enden an der natürlichen Bruchstelle abgebrochen (siehe Tipp)
- 2 Teelöffel Olivenöl
- 3 Knoblauchzehen, gehackt
- 2 Esslöffel Balsamico-Essig
- ½ Teelöffel getrockneter Thymian

Wegbeschreibung:

1. Mischen Sie den Spargel in einer großen Schüssel mit Olivenöl. Übertragen Sie ihn in den Korb der Fritteuse.

2. Mit Knoblauch bestreuen. 4 bis 5 Minuten für knusprig-zarten Spargel oder 8 bis 11 Minuten für Spargel, der außen knusprig und innen zart ist, braten.

3. Mit dem Balsamico-Essig beträufeln und mit den Thymianblättern bestreuen. Sofort servieren.

Ernährung: Kalorien: 41; Fett: 1g; Eiweiß: 3g; Kohlenhydrate: 6g; Natrium: 3mg;

6. Instant-Lammsteak mit Äpfeln und Birnen

Zubereitungszeit: 10 Minuten

Kochzeit: 1 Stunde

Portionen: 3

Zutaten:

- 2 Lammsteaks
- 3 Arkansas Black Äpfel, in Scheiben geschnitten
- 2 Birnen, in Scheiben geschnitten
- 3 Esslöffel geschmolzene Butter
- 4 Grünkohlblätter
- 2 Esslöffel Apfelwein
- ½ Teelöffel gemahlener schwarzer Pfeffer
- 1 mittelgroße weiße Zwiebel, in 8 Keile geschnitten
- ½ Teelöffel gemahlener Piment
- 1 Teelöffel schwarzer Pfeffer

Wegbeschreibung:

1. Schmelzen Sie die Butter in einer Pfanne. Stellen Sie die Heißluftfritteuse auf den Sautiermodus und löffeln Sie die geschmolzene Butter.

2. Die Lammsteaks dazugeben und ca. 20 Minuten anbraten.

3. Übertragen Sie das Lammfleisch auf einen Teller.

4. Geben Sie die Zwiebel, Äpfel und Birnen in die Fritteuse und lassen Sie sie 10 Minuten lang anbraten, bis die Äpfel etwas gebräunt und karamellisiert sind.

5. Fügen Sie das Lammfleisch hinzu und gießen Sie den Apfelwein darüber. Kombinieren Sie alle Zutaten (außer Grünkohl) und schließen Sie den Deckel, um 20-30 Minuten auf HOHER Stufe zu kochen.

6. Portionieren Sie das Lammfleisch auf zwei Teller. Servieren Sie das Lammfleisch mit den Äpfeln und dem frischen Grünkohl.

Ernährung: Kalorien - 379 Eiweiß - 68 g Fett - 79 g Kohlenhydrate - 279 g.

7. Adobo-Huhn

Zubereitungszeit: 5 Minuten

Kochzeit: 30 Minuten

Portionen: 6

Zutaten:

- 2 lbs. Huhn, ohne Knochen
- 1 Esslöffel Kurkuma
- 1 Esslöffel Knoblauch
- 4 Tomaten, gewürfelt
- 7 Unzen grüne Chilis
- ½ Tasse Wasser

Wegbeschreibung:

1. Geben Sie Ihr Hähnchen in die Heißluftfritteuse und würzen Sie es anschließend. Fügen Sie Ihre Chilis und Tomaten hinzu.

2. Leeren Sie das Wasser ein, und kochen Sie dann fünfundzwanzig Minuten lang, bevor Sie einen Schnellverschluss verwenden.

3. Alleine oder über Reis servieren.

Ernährung: Kalorien - 342 Eiweiß - 32 g Fett - 19 g Kohlenhydrate - 2 g.

8. Shrimps mit Tomate und Feta

Zubereitungszeit: 5 Minuten

Kochzeit: 25 Minuten

Portionen: 6

Zutaten:

- 1 ½ Tassen Zwiebel, gehackt
- ½ Teelöffel rote Paprikaflocken
- 1 Esslöffel Knoblauch
- 3 Esslöffel Butter, ungesalzen
  - Unzen Tomaten, Dose, gewürfelt & nicht abgetropft
- 1 Teelöffel Oregano
- 1 Teelöffel Meersalz, fein
- 1 Tasse Feta-Käse, zerkrümelt
- ½ Tasse schwarze Oliven, in Scheiben geschnitten
- ¼ Tasse Petersilie, gehackt
- 1 Pfund Garnele, gefroren und geschält

Wegbeschreibung:

1. Drücken Sie zum Anbraten und geben Sie dann die Butter hinzu. Sobald die Butter anfängt zu blubbern und schaumig zu werden, fügen Sie die roten

Paprikaflocken und den Knoblauch hinzu und braten sie eine Minute lang. Sie sollten duftend werden.

2. Mischen Sie den Oregano, die Tomaten, das Salz und die Zwiebel ein. Rühren Sie gut um und fügen Sie dann die gefrorenen Garnelen hinzu.

3. Sichern Sie den Deckel, und kochen Sie dann eine Minute lang auf niedrigem Druck. Verwenden Sie einen Schnellablass und geben Sie dann die Tomatenbrühe hinzu.

4. Lassen Sie diese Mischung eine Weile abkühlen, und streuen Sie dann Oliven, Fetakäse und Petersilie darüber. Sie können dies warm allein oder über püriertem Blumenkohl servieren.

Ernährung: Kalorien - 120 Eiweiß - 15 g Fett - 3 g Kohlenhydrate - 7 g.

9. Gebratenes Huhn

Zubereitungszeit: 10 Minuten

Kochzeit: 45 Minuten

Portionen: 4

Zutaten:

- 2 Esslöffel Rosmarin, frisch
- 1 Esslöffel Meersalz, fein
- ½ Esslöffel Schwarzer Pfeffer
- 1 Lorbeerblatt
- 1 Esslöffel Thymian
- 1 Esslöffel Olivenöl
- 1 Huhn, ganz
- 1 Esslöffel Zitronensaft, frisch

Wegbeschreibung:

1. Drücken Sie auf "Anbraten" und beträufeln Sie dann Ihr Olivenöl. Braten Sie das Hähnchen, wenden Sie es einmal und stellen Sie es dann zur Seite.

2. Fügen Sie den Stand hinzu und geben Sie dann den Zitronensaft, Rosmarin, die Hühnerbrühe und den Thymian hinzu. Würzen Sie mit Salz und Pfeffer.

3. Drücken Sie das Geflügel, und schließen Sie den Deckel. Fünfundzwanzig bis dreißig Minuten garen.

4. Lassen Sie das Gericht vor dem Servieren abkühlen. Vergessen Sie nicht, das Lorbeerblatt zu entfernen.

Ernährung: Kalorien - 250 Eiweiß - 30 g Fett - 31 g Kohlenhydrate - 1 g.

10. Salsa-Huhn

Zubereitungszeit: 5 Minuten

Kochzeit: 15 Minuten

Portionen: 6

Zutaten:

- ½ Teelöffel Chili
- 1 Esslöffel Paprika
- ½ Esslöffel Kreuzkümmel
- 17 Unzen Salsa Verde
- 2 Pfund Hühnerbrüste, ohne Knochen und ohne Haut
- 1 Esslöffel Schwarzer Pfeffer
- 1 Esslöffel Meersalz
- ½ Zwiebel, gewürfelt
- 1 Jalapeno, gewürfelt
- ¼ Tasse Koriander, frisch & gehackt
- 1 Limette, frisch

Wegbeschreibung:

1. Geben Sie die Hälfte Ihrer Salsa in die Fritteuse und würzen Sie sie mit Salz und Pfeffer. Fügen Sie Koriander, Jalapeno und Zwiebel hinzu. Fügen Sie das Hähnchen hinzu und mischen Sie es gut.

2. Fügen Sie ein weiteres Viertel der Salsa hinzu und stellen Sie dann die andere ¼ Tasse zur Seite. Schließen Sie den Deckel und kochen Sie das Huhn 10 Minuten lang bei starker Hitze. Verwenden Sie einen Schnellverschluss und zerkleinern Sie dann Ihr Hähnchen.

3. Geben Sie es zurück in den Topf, und fügen Sie dann den Limettensaft und die Salsa hinzu.

Ernährung: Kalorien - 96 Eiweiß - 1 g Fett - 9 g Kohlenhydrate - 3 g.

GEMÜSE UND BEILAGEN

11. Flammende Büffel-Blumenkohl-Häppchen

Zubereitungszeit: 5 Minuten

Kochzeit: 20 Minuten

Portionen: 4

Zutaten:

- 1 großer, in Röschen zerteilter Blumenkohlkopf

- 3 geschlagene Eier

- 2/3 Tasse Speisestärke

- 2 Esslöffel geschmolzene Butter

- ¼ Tasse scharfe Sauce

Wegbeschreibung:

1. Heizen Sie Ihre Fritteuse auf 360 Fahrenheit auf.

2. Fügen Sie in einer großen Rührschüssel die Eier und die Speisestärke hinzu und verrühren Sie sie gut.

3. Geben Sie den Blumenkohl hinzu, schwenken Sie ihn vorsichtig, bis er gut mit dem Teig bedeckt ist, schütteln Sie ihn bei überschüssigem Teig ab und stellen Sie ihn beiseite.

4. Fetten Sie den Korb Ihrer Fritteuse mit einem Antihaft-Kochspray ein und geben Sie die Blumenkohlhappen hinein, wobei Sie in Chargen arbeiten müssen.

5. Garen Sie die Blumenkohlhappen 15 bis 20 Minuten oder bis sie eine goldbraune Farbe und eine knusprige Textur haben, während Sie sie gelegentlich schütteln.

6. Fügen Sie dann in einer kleinen Rührschüssel die geschmolzene Butter und die scharfe Soße hinzu und vermischen Sie sie gut.

7. Sobald die Blumenkohlhappen fertig sind, nehmen Sie sie aus der Fritteuse und geben sie in eine große Schüssel. Gießen Sie die Büffelsoße über die Blumenkohlhappen und schwenken Sie sie, bis sie gut bedeckt sind.

8. Servieren und genießen!

Ernährung: Kalorien: 240, Fett: 5,5 g, Ballaststoffe: 6,3 g, Eiweiß: 8,8 g, Kohlenhydrate: 37g

12. Angenehm luftgefrorene Aubergine

Zubereitungszeit: 5 Minuten

Kochzeit: 20 Minuten

Portionen: 4

Zutaten:

- 2 dünn geschnittene oder in Stücke geschnittene Auberginen
- 1 Teelöffel Salz
- 1 Teelöffel schwarzer Pfeffer
- 1 Tasse Reismehl
- 1 Tasse Weißwein

Wegbeschreibung:

1. Geben Sie in einer Schüssel das Reismehl und den Weißwein hinzu und verrühren Sie alles gut, bis eine glatte Masse entsteht.

2. Fügen Sie das Salz und den schwarzen Pfeffer hinzu und rühren Sie erneut um.

3. Tauchen Sie die Auberginenscheiben oder -stücke in den Teig und entfernen Sie überschüssigen Teig.

4. Heizen Sie Ihre Fritteuse auf 390 Fahrenheit auf.

5. Fetten Sie den Korb der Fritteuse mit einem Antihaft-Kochspray ein.

6. Geben Sie die Auberginenscheiben oder -stücke in Ihre Heißluftfritteuse und garen Sie sie 15 bis 20 Minuten oder bis sie eine goldbraune und knusprige Textur haben, während Sie sie gelegentlich schütteln.

7. Nehmen Sie es vorsichtig aus Ihrer Fritteuse und lassen Sie es abkühlen. Servieren und genießen!

Ernährung: Kalorien: 380, Fett: 15g, Eiweiß: 13g, Ballaststoffe: 6,1g, Kohlenhydrate: 51g

13. Blumenkohl-Haschee

Zubereitungszeit: 10 Minuten

Kochzeit: 15 Minuten

Portionen: 6

Zutaten:

- 1 Pfund Blumenkohl

- 2 Eier

- 1 Teelöffel Salz

- ½ Teelöffel gemahlener Paprika

- 4-Unzen-Putenfilet, gehackt

Wegbeschreibung:

1. Waschen Sie den Blumenkohl, schneiden Sie ihn und legen Sie ihn beiseite.

2. In einer anderen Schüssel die Eier aufschlagen und gut verquirlen.

3. Salz und gemahlene Paprika hinzufügen; umrühren.

4. Legen Sie den gehackten Truthahn in den Korb der Fritteuse und garen Sie ihn 4 Minuten lang bei 365° F, wobei Sie nach der Hälfte der Zeit umrühren.

5. Danach fügen Sie den gehackten Blumenkohl hinzu und rühren die Mischung um.

6. Garen Sie die Puten-Blumenkohl-Mischung weitere 6 Minuten bei 370° F und rühren Sie sie nach der Hälfte der Zeit um.

7. Gießen Sie dann die verquirlte Eimasse hinein und rühren Sie sie vorsichtig um.

8. Garen Sie das Blumenkohlhasch für weitere 5 Minuten bei 365° F.

9. Wenn das Blumenkohlhaschee fertig ist, lassen Sie es abkühlen und füllen Sie es in Servierschalen um. Servieren; genießen.

Ernährung: Kalorien 143, Fett 9,5, Ballaststoffe 2, Kohlenhydrate 4,5, Eiweiß 10,4

14. Spargel mit Mandeln

Zubereitungszeit: 10 Minuten

Kochzeit: 5 Minuten

Portionen: 2

Zutaten:

- 9 Unzen Spargel
- 1 Teelöffel Mandelmehl
- 1 Esslöffel Mandelblättchen
- ¼ Teelöffel Salz
- 1 Teelöffel Olivenöl

Wegbeschreibung:

1. Kombinieren Sie das Mandelmehl und die Mandelblättchen; rühren Sie die Mischung gut um.

2. Beträufeln Sie den Spargel mit dem Olivenöl und Salz.

3. Schütteln Sie ihn leicht und bestreichen Sie ihn mit der Mandelmehlmischung.

4. Legen Sie den Spargel in den Korb der Heißluftfritteuse und garen Sie ihn bei 400° F 5 Minuten lang, wobei Sie nach der Hälfte der Zeit umrühren.

5. Dann etwas abkühlen lassen und servieren.

Ernährung: Kalorien 143, Fett 11, Ballaststoffe 4,6, Kohlenhydrate 8,6, Eiweiß 6,4

15. Zucchini-Würfel

Zubereitungszeit: 7 Minuten

Kochzeit: 8 Minuten

Portionen: 2

Zutaten:

- 1 Zucchini
- ½ Teelöffel gemahlener schwarzer Pfeffer
- 1 Teelöffel Oregano
- 2 Esslöffel Hühnerbrühe
- ½ Teelöffel Kokosnussöl

Wegbeschreibung:

1. Schneiden Sie die Zucchini in Würfel.

2. Mischen Sie den gemahlenen schwarzen Pfeffer und den Oregano; rühren Sie die Mischung um.

3. Bestreuen Sie die Zucchiniwürfel mit der Gewürzmischung und rühren Sie gut um.

4. Danach gießen Sie das Gemüse mit der Hühnerbrühe auf.

5. Geben Sie das Kokosnussöl in den Korb der Fritteuse und heizen Sie ihn 20 Sekunden lang auf 360° F vor.

6. Dann fügen Sie die Zucchiniwürfel hinzu und kochen das Gemüse 8 Minuten lang bei 390° F, wobei Sie nach der Hälfte der Zeit umrühren.

7. Auf Servierteller umfüllen und genießen!

Ernährung: Kalorien 30, Fett 1,5, Ballaststoffe 1,6, Kohlenhydrate 4,3, Eiweiß 1,4

16. Süßkartoffel & Zwiebel Mix

Zubereitungszeit: 10 Minuten

Kochzeit: 15 Minuten

Portionen: 4

Zutaten:

- 2 Süßkartoffeln, geschält
- 1 rote Zwiebel, geschält
- 1 weiße Zwiebel, geschält
- 1 Teelöffel Olivenöl
- ¼ Tasse Mandelmilch

Wegbeschreibung:

1. Schneiden Sie die Süßkartoffeln und die Zwiebeln in Würfel.
2. Beträufeln Sie die Süßkartoffeln mit Olivenöl.
3. Legen Sie die Süßkartoffeln in den Korb der Luftfritteuse und garen Sie sie 5 Minuten lang bei 400° F.
4. Rühren Sie dann die Süßkartoffeln um und fügen Sie die gehackten Zwiebeln hinzu.
5. Gießen Sie die Mandelmilch hinzu und rühren Sie vorsichtig um.

6. Kochen Sie die Mischung für weitere 10 Minuten bei 400° F.

7. Wenn die Mischung gekocht ist, lassen Sie sie ein wenig abkühlen und servieren Sie sie.

Ernährung: Kalorien 56, Fett 4,8, Ballaststoffe 0,9, Kohlenhydrate 3,5, Eiweiß 0,6

17. Würzige Auberginenwürfel

Zubereitungszeit: 10 Minuten

Kochzeit: 20 Minuten

Portionen: 2

Zutaten:

- 12 Unzen Auberginen
- ½ Teelöffel Cayennepfeffer
- ½ Teelöffel gemahlener schwarzer Pfeffer
- ½ Teelöffel Koriander
- ½ Teelöffel gemahlener Paprika

Wegbeschreibung:

1. Spülen Sie die Auberginen und schneiden Sie sie in Würfel.

2. Bestreuen Sie die Auberginenwürfel mit dem Cayennepfeffer und dem gemahlenen schwarzen Pfeffer.

3. Fügen Sie den Koriander und das gemahlene Paprikapulver hinzu.

4. Rühren Sie die Mischung gut um und lassen Sie sie 10 Minuten lang ruhen.

5. Danach die Auberginen mit Olivenöl beträufeln und in den Frittierkorb legen.

6. Kochen Sie die Auberginen 20 Minuten lang bei 380° F, wobei Sie nach der Hälfte der Zeit umrühren.

7. Wenn die Auberginenwürfel gar sind, servieren Sie sie sofort!

Ernährung: Kalorien 67, Fett 2,8, Ballaststoffe 6,5, Kohlenhydrate 10,9, Eiweiß 1,9

18. Gebratener Knoblauchkopf

Zubereitungszeit: 5 Minuten

Kochzeit: 10 Minuten

Portionen: 4

Zutaten:

- 1-Pfund-Knoblauchkopf
- 1 Esslöffel Olivenöl
- 1 Teelöffel Thymian

Wegbeschreibung:

1. Schneiden Sie die Enden des Knoblauchkopfes ab und legen Sie ihn in den Frittierkorb.

2. Dann den Knoblauchkopf mit dem Olivenöl und Thymian beträufeln.

3. Kochen Sie den Knoblauchkopf 10 Minuten lang bei 400° F.

4. Wenn der Knoblauchkopf gekocht ist, sollte er weich und aromatisch sein.

5. Sofort servieren.

Ernährung: Kalorien 200, Fett 4,1, Ballaststoffe 2,5, Kohlenhydrate 37,7, Eiweiß 7,2

19. Eingewickelter Spargel

Zubereitungszeit: 10 Minuten

Kochzeit: 5 Minuten

Portionen: 4

Zutaten:

- 12 Unzen Spargel

- ½ Teelöffel gemahlener schwarzer Pfeffer

- 3-Unzen-Putenfilet, in Scheiben geschnitten

- ¼ Teelöffel Chiliflocken

Wegbeschreibung:

1. Den Spargel mit dem gemahlenen schwarzen Pfeffer und den Chiliflocken bestreuen.

2. Vorsichtig umrühren.

3. Wickeln Sie den Spargel in das in Scheiben geschnittene Putenfilet und legen Sie ihn in den Fritteusenkorb.

4. Kochen Sie den Spargel bei 400° F für 5 Minuten, wenden Sie ihn nach der Hälfte der Garzeit.

5. Lassen Sie den eingewickelten Spargel vor dem Servieren 2 Minuten abkühlen.

Ernährung: Kalorien 133, Fett 9, Ballaststoffe 1,9, Kohlenhydrate 3,8, Eiweiß 9,8

20. Gebackene Süßkartoffeln mit Dill

Zubereitungszeit: 10 Minuten

Kochzeit: 8 Minuten

Portionen: 2

Zutaten:

- 2 Süßkartoffeln
- 1 Esslöffel frischer Dill
- 1 Teelöffel Kokosnussöl
- ½ Teelöffel gehackter Knoblauch

Wegbeschreibung:

1. Waschen Sie die Süßkartoffeln sorgfältig und schneiden Sie sie in Hälften.

2. Die Süßkartoffelhälften mit dem Kokosöl beträufeln und dann mit dem gehackten Knoblauch einreiben.

3. Legen Sie die Süßkartoffeln in den Korb der Heißluftfritteuse und garen Sie sie 8 Minuten lang bei 400° F.

4. Danach zerdrücken Sie die Süßkartoffeln vorsichtig mit einer Gabel und bestreuen sie mit dem frischen Dill.

5. Servieren Sie die Süßkartoffeln sofort.

Ernährung: Kalorien 25, Fett 2,3, Ballaststoffe 0,2, Kohlenhydrate 1,2, Eiweiß 0,4

FLEISCH

21. Honig-Senf-Schweineleberlende

Zubereitungszeit: 15 Minuten

Kochzeit: 25 Minuten

Portionen: 3

Zutaten:

- 1 Pfund Schweinefilet
- 1 Esslöffel Knoblauch, gehackt
- 2 Esslöffel Sojasauce
- 2 Esslöffel Honig
- 1 Esslöffel Dijon-Senf
- 1 Esslöffel körniger Senf
- 1 Teelöffel Sriracha-Sauce

Wegbeschreibung:

1. Geben Sie alle Zutaten außer Schweinefleisch in eine große Schüssel und mischen Sie sie gut.

2. Geben Sie das Schweinefilet hinzu und bestreichen Sie es großzügig mit der Mischung.

3. Im Kühlschrank 2-3 Stunden marinieren lassen.

4. Nehmen Sie das Schweinefilet aus der Schüssel und bewahren Sie die Marinade auf.

5. Legen Sie das Schweinefilet auf das leicht gefettete Garblech.

6. Legen Sie die Tropfschale auf den Boden des Garraums der Instant Vortex Plus Luftfritteuse.

7. Wählen Sie "Air Fry" und stellen Sie dann die Temperatur auf 380 Grad F ein.

8. Stellen Sie den Timer auf 25 Minuten ein und drücken Sie die Taste "Start".

9. Wenn das Display "Add Food" anzeigt, setzen Sie den Garbehälter in die mittlere Position ein.

10. Wenn das Display "Futter wenden" anzeigt, wenden Sie das Schweinefleisch und den Hafer mit der reservierten Marinade.

11. Wenn die Garzeit beendet ist, nehmen Sie das Blech aus dem Vortex und legen Sie das Schweinefilet für ca. 10 Minuten auf eine Platte, bevor Sie es in Scheiben schneiden.

12. Schneiden Sie das Schweinefilet mit einem scharfen Messer in Scheiben der gewünschten Größe und servieren Sie es.

Ernährung: Kalorien 277 Gesamtfett 5,7 g Gesättigtes Fett 1,8 g Cholesterin 110 mg Natrium 782 mg Kohlenhydrate insgesamt 14,2 g Ballaststoffe 0,4 g Zucker 11,8 g Eiweiß 40,7 g

22. Gewürzte Schweinekoteletts

Zubereitungszeit: 10 Minuten

Kochzeit: 12 Minuten

Portionen: 4

Zutaten:

- 4 (6-Unzen) Schweinekoteletts ohne Knochen

- 2 Esslöffel Schweinefleisch-Rub

- 1 Esslöffel Olivenöl

Wegbeschreibung:

1. Bestreichen Sie beide Seiten der Schweinekoteletts mit dem Öl und reiben Sie sie dann mit dem Pork Rub ein.

2. Legen Sie die Schweinekoteletts auf das leicht gefettete Garblech.

3. Legen Sie die Tropfschale auf den Boden des Garraums der Instant Vortex Plus Luftfritteuse.

4. Wählen Sie "Air Fry" und stellen Sie dann die Temperatur auf 400 Grad F ein.

5. Stellen Sie den Timer auf 12 Minuten ein und drücken Sie die Taste "Start".

6. Wenn das Display "Add Food" anzeigt, setzen Sie den Garbehälter in der mittleren Position ein.

7. Wenn das Display "Turn Food" anzeigt, wenden Sie die Schweinekoteletts.

8. Wenn die Garzeit beendet ist, nehmen Sie das Blech aus dem Vortex und servieren Sie es heiß.

Ernährung: Kalorien 285 Gesamtfett 9,5 g Gesättigtes Fett 2,5 g Cholesterin 124 mg Natrium 262 mg Kohlenhydrate insgesamt 1,5 g Ballaststoffe 0 g Zucker 0,8 g Eiweiß 44,5 g

23. Lammkarree in der Kruste

Zubereitungszeit: 15 Minuten

Zubereitungszeit: 19 Minuten

Portionen: 4

Zutaten:

- 1 Lammkarree, komplett fettfrei gebraten und geputzt

- Salz und gemahlener schwarzer Pfeffer, je nach Bedarf

- 1/3 Tasse Pistazien, fein gehackt

- 2 Esslöffel Panko-Paniermehl

- 2 Teelöffel frischer Thymian, fein gehackt

- 1 Teelöffel frischer Rosmarin, fein gehackt

- 1 Esslöffel Butter, geschmolzen

- 1 Esslöffel Dijon-Senf

Wegbeschreibung:

1. Führen Sie den Grillstab durch den Rost auf der fleischigen Seite der Rippchen, direkt neben dem Knochen.

2. Setzen Sie die Rotisserie-Gabeln ein, eine auf jeder Seite der Stange, um das Gestell zu sichern.

3. Würzen Sie den Rost gleichmäßig mit Salz und schwarzem Pfeffer.

4. Legen Sie die Tropfschale auf den Boden des Garraums der Instant Vortex Plus Luftfritteuse.

5. Wählen Sie "Air Fry" und stellen Sie dann die Temperatur auf 380 Grad F ein.

6. Stellen Sie den Timer auf 12 Minuten ein und drücken Sie die Taste "Start".

7. Wenn das Display "Futter hinzufügen" anzeigt, drücken Sie den roten Hebel nach unten und laden Sie die linke Seite des Stabs in den Vortex.

8. Schieben Sie nun die linke Seite der Stange in die Nut entlang der Metallstange, damit sie sich nicht bewegt.

9. Schließen Sie dann die Tür und tippen Sie auf "Drehen".

10. Mischen Sie in der Zwischenzeit in einer kleinen Schüssel die restlichen Zutaten, außer dem Senf, zusammen.

11. Wenn die Garzeit beendet ist, drücken Sie den roten Hebel, um den Stab freizugeben.

12. Nehmen Sie das Rack aus dem Vortex und bestreichen Sie die fleischige Seite mit dem Senf.

13. Anschließend die Pistazienmischung auf allen Seiten des Gestells verteilen und fest andrücken.

14. Legen Sie nun das Lammkarree mit der Fleischseite nach oben auf das Garblech.

15. Wählen Sie "Air Fry" und stellen Sie die Temperatur auf 380 Grad F ein.

16. Stellen Sie den Timer auf 7 Minuten ein und drücken Sie die Taste "Start".

17. Wenn das Display "Add Food" anzeigt, setzen Sie den Garbehälter in die mittlere Position ein.

18. Wenn das Display "Turn Food" anzeigt, tun Sie nichts.

19. Wenn die Garzeit beendet ist, nehmen Sie das Blech aus dem Vortex und legen Sie es für mindestens 10 Minuten auf ein Schneidebrett.

20. Schneiden Sie das Rack in einzelne Koteletts und servieren Sie es.

Ernährung: Kalorien 824 Gesamtfett 39,3 g Gesättigtes Fett 14,2 g Cholesterin 233 mg Natrium 373 mg Kohlenhydrate insgesamt 10,3 g Ballaststoffe 1,2 g Zucker 0,2 g Eiweiß 72 g

24. Lamm-Burger

Zubereitungszeit: 15 Minuten

Kochzeit: 8 Minuten

Portionen: 6

Zutaten:

- 2 Pfund gemahlenes Lammfleisch
- 1 Esslöffel Zwiebelpulver
- Salz und gemahlener schwarzer Pfeffer, je nach Bedarf

Wegbeschreibung:

1. Geben Sie alle Zutaten in eine Schüssel und mischen Sie sie gut.

2. Formen Sie aus der Masse 6 gleich große Patties.

3. Legen Sie die Patties auf ein Backblech.

4. Legen Sie die Tropfschale auf den Boden des Garraums der Instant Vortex Plus Luftfritteuse.

5. Wählen Sie "Air Fry" und stellen Sie dann die Temperatur auf 360 Grad F ein.

6. Stellen Sie den Timer auf 8 Minuten ein und drücken Sie die Taste "Start".

7. Wenn das Display "Lebensmittel hinzufügen" anzeigt, setzen Sie den Garbehälter in der mittleren Position ein.

8. Wenn das Display "Turn Food" anzeigt, wenden Sie die Burger.

9. Wenn die Garzeit beendet ist, nehmen Sie das Blech aus dem Vortex und servieren Sie es heiß.

Ernährung: Kalorien 285 Gesamtfett 11,1 g Gesättigtes Fett 4 g Cholesterin 136 mg Natrium 143 mg Kohlenhydrate insgesamt 0,9 g Ballaststoffe 0,1 g Zucker 0,4 g Eiweiß 42,6 g

25. Schweinefleisch-Taquitos

Zubereitungszeit: 10 Minuten

Kochzeit: 16 Minuten

Portionen: 8

Zutaten:

- 1 saftige Limette

- 10 Vollkorntortillas

- 2 ½ C. geschredderter Mozzarella-Käse

- 30 Unzen gekochtes und zerkleinertes Schweinefilet

Wegbeschreibung:

1. Bereiten Sie die Zutaten vor. Stellen Sie sicher, dass Ihre Luftfritteuse auf 380 Grad vorgeheizt ist.

2. Beträufeln Sie das Schweinefleisch mit Limettensaft und mischen Sie es vorsichtig.

3. Erhitzen Sie die Tortillas in der Mikrowelle mit einem angefeuchteten Papiertuch, um sie weich zu machen.

4. Geben Sie ca. 3 Unzen Schweinefleisch und ¼ Tasse geschredderten Käse auf jede Tortilla. Rollen Sie sie fest auf.

5. Besprühen Sie den Korb der Pro Breeze-Luftfritteuse mit ein wenig Olivenöl.

6. Frittieren an der Luft. Stellen Sie die Temperatur auf 380°F und die Zeit auf 10 Minuten ein. Frittieren Sie die Taquitos 7-10 Minuten, bis die Tortillas eine leicht goldene Farbe annehmen.

Ernährung: Kalorien: 309; Fett: 11g; Eiweiß: 21g; Zucker: 2g

26. Cajun-Speck-Schweineleberfilet

Zubereitungszeit: 10 Minuten

Kochzeit: 20 Minuten

Portionen: 6

Zutaten:

- 1½ Pfund Schweinerückenfilet oder Schweinefilet

- 3 Esslöffel Olivenöl

- 2 Esslöffel Cajun-Gewürzmischung

- Salz

- 6 Scheiben Speck

- Olivenölspray

Wegbeschreibung:

1. Bereiten Sie die Zutaten vor. Schneiden Sie das Schweinefleisch in zwei Hälften, so dass es in den Korb der Luftfritteuse passt.

2. Geben Sie beide Fleischstücke in einen wiederverschließbaren Plastikbeutel. Fügen Sie das Öl, das Cajun-Gewürz und ggf. das Salz hinzu. Verschließen Sie den Beutel und massieren Sie das Fleisch, um es mit dem Öl und den Gewürzen zu

bedecken. Marinieren Sie das Fleisch im Kühlschrank für mindestens 1 Stunde oder bis zu 24 Stunden.

3. An der Luft braten. Nehmen Sie das Schweinefleisch aus dem Beutel und wickeln Sie 3 Speckscheiben um jedes Stück. Sprühen Sie den Korb der Pro Breeze-Luftfritteuse mit Olivenölspray ein. Legen Sie das Fleisch in die Heißluftfritteuse. Stellen Sie die Pro Breeze-Luftfritteuse für 15 Minuten auf 350°F ein. Erhöhen Sie die Temperatur für 5 Minuten auf 400°F. Verwenden Sie ein Fleischthermometer, um sicherzustellen, dass das Fleisch eine Innentemperatur von 145°F erreicht hat.

4. Lassen Sie das Fleisch 10 Minuten ruhen. Schneiden Sie es in 6 Medaillons und servieren Sie es.

Ernährung: Kalorien: 355 kcal Eiweiß: 34,83 g Fett: 22,88 g Kohlenhydrate: 0.6 g

27. Schweinekoteletts nach Porchetta-Art

Zubereitungszeit: 10 Minuten

Kochzeit: 15 Minuten

Portionen: 2

Zutaten:

- 1 Esslöffel kaltgepresstes Olivenöl

- Geriebene Schale von 1 Zitrone

- 2 Knoblauchzehen, gehackt

- 2 Teelöffel gehackter frischer Rosmarin

- 1 Teelöffel fein gehackter frischer Salbei

- 1 Teelöffel Fenchelsamen, leicht zerstoßen

- ¼ bis ½ Teelöffel rote Paprikaflocken

- 1 Teelöffel koscheres Salz

- 1 Teelöffel schwarzer Pfeffer

- (8 Unzen) mittig geschnittene Schweinekoteletts mit Knochen, etwa 1 Zoll dick

Wegbeschreibung:

1. Bereiten Sie die Zutaten vor. Vermengen Sie in einer kleinen Schüssel Olivenöl, Schale, Knoblauch, Rosmarin, Salbei, Fenchelsamen, roten Pfeffer, Salz und

schwarzen Pfeffer. Rühren Sie um und zerdrücken Sie die Kräuter mit der Rückseite eines Löffels, bis eine Paste entsteht. Verteilen Sie die Gewürzmischung auf beiden Seiten der Schweinekoteletts.

2. Luftfritieren. Legen Sie die Koteletts in den Korb der Heißluftfritteuse. Stellen Sie die Pro Breeze-Luftfritteuse für 15 Minuten auf 375°F ein. Verwenden Sie ein Fleischthermometer, um sicherzustellen, dass die Koteletts eine Innentemperatur von 145°F erreicht haben.

Ernährung: Kalorien: 200 kcal Eiweiß: 23,45 g Fett: 9,69 g Kohlenhydrate: 4.46 g

28. Schweinelendchen mit Aprikosenglasur

Zubereitungszeit: 5 Minuten

Kochzeit: 30 Minuten

Portionen: 3

Zutaten:

- 1 Teelöffel Salz

- 1/2 Teelöffel Pfeffer

- 1 Pfund Schweinefilet

- 2 Esslöffel gehackter frischer Rosmarin oder 1 Esslöffel getrockneter Rosmarin, zerkleinert

- 2 Esslöffel Olivenöl, geteilt

- 1 Knoblauchzehe, gehackt

- Aprikosenglasur Zutaten

- 1 Tasse Aprikosenkonfitüre

- 3 Knoblauchzehen, gehackt

- 4 Esslöffel Zitronensaft

Wegbeschreibung:

1. Bereiten Sie die Zutaten vor. Pfeffer, Salz, Knoblauch, Öl und Rosmarin gut mischen. Das Schweinefleisch damit bestreichen. Bei Bedarf das Schweinefleisch quer

halbieren, damit es in die Heißluftfritteuse passt. Das Backblech der Fritteuse leicht mit Kochspray einfetten. Schweinefleisch hineingeben.

2. Luftfritieren. Braten Sie das Schweinefleisch 3 Minuten pro Seite in einer vorgeheizten Luftfritteuse bei 390°F. In der Zwischenzeit alle Zutaten für die Glasur in einer kleinen Schüssel gut vermischen. Schweinefleisch alle 5 Minuten begießen. 20 Minuten lang bei 330°F garen. Servieren und genießen.

Ernährung: Kalorien: 454 kcal Eiweiß: 43,76 g Fett: 16,71 g Kohlenhydrate: 33.68 g

29. Süße & pikante Rippchen nach Country-Art

Zubereitungszeit: 10 Minuten

Kochzeit: 25 Minuten

Portionen: 4

Zutaten:

- 2 Esslöffel brauner Zucker

- 2 Esslöffel geräucherter Paprika

- 1 Teelöffel Knoblauchpulver

- 1 Teelöffel Zwiebelpulver

- 1 Teelöffel trockener Senf

- 1 Teelöffel gemahlener Kreuzkümmel

- 1 Teelöffel koscheres Salz

- 1 Teelöffel schwarzer Pfeffer

- ¼ bis ½ Teelöffel Cayennepfeffer

- 1½ Pfund entbeinte Schweinerippchen nach Country-Art

- 1 Tasse Barbecue-Sauce

Wegbeschreibung:

1. Bereiten Sie die Zutaten vor. Mischen Sie in einer kleinen Schüssel den braunen Zucker, Paprika,

Knoblauchpulver, Zwiebelpulver, trockenen Senf, Kreuzkümmel, Salz, schwarzen Pfeffer und Cayennepfeffer. Mischen Sie, bis alles gut vermischt ist.

2. Tupfen Sie die Rippchen mit einem Papiertuch trocken. Großzügig den Rub gleichmäßig über beide Seiten der Rippchen streuen und mit den Fingern einreiben.

3. Luftfritieren. Legen Sie die Rippchen in den Korb der Luftfritteuse. Stellen Sie die Pro Breeze-Luftfritteuse für 15 Minuten auf 350°F ein. Wenden Sie die Rippchen und bestreichen Sie sie mit ½ Tasse Barbecue-Sauce. Garen Sie weitere 10 Minuten. Verwenden Sie ein Fleischthermometer, um sicherzustellen, dass das Schweinefleisch eine Innentemperatur von 145°F erreicht hat. Mit der restlichen Barbecue-Sauce servieren.

Ernährung: Kalorien: 416 kcal Eiweiß: 38,39 g Fett: 12,19 g Kohlenhydrate: 36.79 g

30. Schweinefleisch-Tender mit Paprikaschoten

Zubereitungszeit: 5 Minuten

Kochzeit: 15 Minuten

Portionen: 4

Zutaten:

- 11 Oz Schweinslende

- 1 Paprika, in dünnen Streifen

- 1 rote Zwiebel, in Scheiben geschnitten

- 2 Teelöffel Provenzalische Kräuter

- Schwarzer Pfeffer nach Geschmack

- 1 Esslöffel Olivenöl

- 1/2 Esslöffel Senf

Wegbeschreibung:

1. Bereiten Sie die Zutaten vor. Heizen Sie die Pro Breeze-Luftfritteuse auf 390 Grad vor.

2. Mischen Sie in der Auflaufform die Paprikastreifen mit der Zwiebel, den Kräutern und etwas Salz und Pfeffer nach Geschmack.

3. Fügen Sie der Mischung einen halben Esslöffel Olivenöl hinzu

4. Das Schweinefilet in vier Stücke schneiden und mit Salz, Pfeffer und Senf einreiben.

5. Die Stücke dünn mit dem restlichen Olivenöl bestreichen und aufrecht in die Auflaufform auf die Paprikamischung legen

6. Luftfritieren. Stellen Sie die Schüssel in die Heißluftfritteuse. Stellen Sie den Timer auf 15 Minuten und braten Sie das Fleisch und das Gemüse

7. Wenden Sie das Fleisch und mischen Sie die Paprika nach der Hälfte der Zeit

8. Mit einem frischen Salat servieren

Ernährung: Kalorien: 220 kcal Eiweiß: 23,79 g Fett: 12,36 g Kohlenhydrate: 2.45 g

FISCH UND MEERESFRÜCHTE

31. Fisch-Nuggets

Zubereitungszeit: 5 Minuten

Kochzeit: 20 Minuten

Portionen: 4

Zutaten:

- Kabeljaufilet: 1 lb.

- Eier: 3

- Olivenöl: 4 Esslöffel.

- Mandelmehl: 1 Tasse

- Glutenfreies Paniermehl: 1 Tasse

Wegbeschreibung:

1. Stellen Sie die Temperatur der Heißluftfritteuse auf 390º Fahrenheit ein.

2. Schneiden Sie den Kabeljau in Nuggets.

3. Bereiten Sie drei Schalen vor. Schlagen Sie die Eier in eine. Kombinieren Sie das Öl und Semmelbrösel in einem anderen. Die letzte wird Mandelmehl sein.

4. Bedecken Sie die Nuggets jeweils mit dem Mehl, einem Tauchbad in den Eiern und den Semmelbröseln.

5. Ordnen Sie die vorbereiteten Nuggets im Korb an und stellen Sie den Timer für 20 Minuten ein. Servieren.

Ernährung: Kalorien: 220 Kohlenhydrate: 10 g Fett: 12 g Eiweiß: 23 g

32. Gegrillte Garnele

Zubereitungszeit: 5 Minuten

Kochzeit: 10 Minuten

Portionen: 4

Zutaten:

- Mittlere Garnelen/Krabben: 8

- Geschmolzene Butter: 1 Esslöffel

- Rosmarin: 1 Zweig

- Pfeffer und Salz: nach Belieben

- Gehackte Knoblauchzehen: 3

Wegbeschreibung:

1. Kombinieren Sie alle Zutaten in einer Rührschüssel. Gut durchmischen und im Frittierkorb anrichten.

2. Stellen Sie den Timer für 7 Minuten ein: 356º Fahrenheit und servieren.

Ernährung: Kalorien: 180 Kohlenhydrate: 2 g Fett: 10 g Eiweiß: 15 g

33. Mit Honig und Sriracha gewürzte Calamari

Zubereitungszeit: 10 Minuten

Kochzeit: 20 Minuten

Portionen: 2

Zutaten:

- Calamari-Röhren - Tentakel, wenn Sie bevorzugen: .5 lb.

- Club Soda: 1 Tasse

- Mehl: 1 Tasse

- Salz - roter Pfeffer & schwarzer Pfeffer: je 2 Spritzer

- Honig: 0,5 Tasse + 1-2 Esslöffel Sriracha

Wegbeschreibung:

1. Spülen Sie die Calamari gründlich ab und tupfen Sie sie mit einem Bündel Papiertücher trocken. Schneiden Sie sie in Ringe (0,25 cm breit). Schütten Sie die Ringe in eine Schüssel. Gießen Sie das Sodawasser hinzu und rühren Sie um, bis alle untergetaucht sind. Warten Sie etwa 10 Minuten.

2. Sieben Sie das Salz, Mehl, roten und schwarzen Pfeffer. Stellen Sie es zunächst beiseite.

3. Die Calamari in der Mehlmischung wälzen und bis zum Braten auf eine Platte legen.

4. Besprühen Sie den Korb der Heißluftfritteuse mit etwas Speiseölspray. Legen Sie die Calamari in den Korb und achten Sie darauf, sie nicht zu sehr zu verdrängen.

5. Stellen Sie die Temperatur auf 375º Fahrenheit und den Timer auf 11 Minuten ein.

6. Schütteln Sie den Korb während des Garvorgangs zweimal, um eventuell anhaftende Ringe zu lösen.

7. Aus dem Korb nehmen, mit der Sauce übergießen und für weitere zwei Minuten in die Fritteuse geben.

8. Nach Belieben mit zusätzlicher Sauce servieren.

9. Bereiten Sie die Soße zu, indem Sie Honig und Sriracha in einer kleinen Schüssel vermischen, bis sie vollständig kombiniert sind.

Ernährung: Kalorien: 210 Kohlenhydrate: 5 g Fett: 12 g Eiweiß: 19 g

34. Lachskroketten

Zubereitungszeit: 5 Minuten

Kochzeit: 10 Minuten

Portionen: 4

Zutaten:

- Rotlachs: 1 lb. Dose
- Semmelbrösel: 1 Tasse
- Pflanzenöl: 0,33 Tasse
- Gehackte Petersilie: die Hälfte von 1 Bund
- Eier: 2

Wegbeschreibung:

1. Stellen Sie die Heißluftfritteuse auf 392º Fahrenheit ein.
2. Lassen Sie den Lachs abtropfen und pürieren Sie ihn. Verquirlen und die Eier und Petersilie hinzufügen.
3. Mischen Sie in einer anderen Schüssel das Paniermehl und das Öl.
4. Bereiten Sie aus der Semmelbröselmischung 16 Kroketten zu.
5. Für sieben Minuten in den vorgeheizten Frittierkorb legen.
6. Servieren.

Ernährung: Kalorien: 240 Kohlenhydrate: 7 g Fett: 16 g Eiweiß:
30 g

35. Scharfer Kabeljau

Zubereitungszeit: 5 Minuten

Kochzeit: 10 Minuten

Portionen: 4

Zutaten:

- 4 Kabeljaufilets; ohne Gräten
- 2 Esslöffel verschiedene Chilischoten
- 1 Zitrone; in Scheiben geschnitten
- Saft von 1 Zitrone
- Salz und schwarzer Pfeffer nach Geschmack

Wegbeschreibung:

1. Mischen Sie den Kabeljau in Ihrer Heißluftfritteuse mit der Chilischote, dem Zitronensaft, Salz und Pfeffer

2. Die Zitronenscheiben darauf anrichten und bei 360°F 10 Minuten garen. Die Filets auf Teller verteilen und servieren.

Ernährung: Kalorien: 250 Kohlenhydrate: 13 g Fett: 13 g Eiweiß: 29 g

36. Luftgebratene Hummerschwänze

Zubereitungszeit: 5 Minuten

Kochzeit: 10 Minuten

Portionen: 2

Zutaten:

- 2 Esslöffel ungesalzene Butter, geschmolzen

- 1 Esslöffel gehackter Knoblauch

- 1 Teelöffel Salz

- 1 Esslöffel gehackter frischer Schnittlauch

- 2 (4- bis 6-Unzen) gefrorene Hummerschwänze

Wegbeschreibung:

1. Vorbereiten der Zutaten

2. Geben Sie die Butter, den Knoblauch, das Salz und den Schnittlauch in eine Schüssel und mischen Sie sie.

3. Schmetterling den Hummerschwanz: Beginnen Sie am fleischigen Ende des Schwanzes und schneiden Sie mit einer Küchenschere die Mitte der oberen Schale ab. Hören Sie auf, wenn Sie den aufgefächerten, breiten Teil des Schwanzes erreichen. Spreizen Sie das Fleisch und die Schale entlang der Schnittlinie vorsichtig auseinander, aber lassen Sie das Fleisch dort, wo es mit

dem breiten Teil des Schwanzes verbunden ist, dran. Trennen Sie mit der Hand vorsichtig das Fleisch vom Boden der Schale. Heben Sie das Fleisch nach oben und aus der Schale heraus (lassen Sie es am breiten Ende befestigt). Schließen Sie die Schale unter dem Fleisch, so dass das Fleisch auf der Oberseite der Schale ruht.

4. Legen Sie den Hummer in den Frittierkorb und bestreichen Sie das Fleisch großzügig mit der Buttermischung.

5. Luftfritieren. Stellen Sie die Temperatur Ihres AF auf 380°F ein. Stellen Sie den Timer ein und dämpfen Sie für 4 Minuten.

6. Öffnen Sie die Heißluftfritteuse und drehen Sie die Hummerschwänze. Bestreichen Sie sie mit mehr von der Buttermischung. Setzen Sie den Timer zurück und dämpfen Sie weitere 4 Minuten. Der Hummer ist fertig, wenn das Fleisch undurchsichtig ist.

Ernährung: Kalorien: 255; Fett: 13g; Kohlenhydrate: 2g; Eiweiß: 32g; Natrium: 1453mg

37. Air Fryer Lachs

Zubereitungszeit: 5 Minuten

Kochzeit: 10 Minuten

Portionen: 2

Zutaten:

- ½ Teelöffel Salz
- ½ Teelöffel Knoblauchpulver
- ½ Teelöffel geräucherter Paprika
- Lachs

Wegbeschreibung:

1. Bereiten Sie die Zutaten vor. Mischen Sie die Gewürze zusammen und bestreuen Sie den Lachs damit. Gewürzten Lachs in die Heißluftfritteuse legen.

2. Frittieren an der Luft. Schließen Sie den Knusperdeckel. Stellen Sie die Temperatur auf 400°F und die Zeit auf 10 Minuten ein.

Ernährung: Kalorien: 185; Fett: 11g; Eiweiß: 21g; Zucker: 0g

38. Einfache Jakobsmuscheln

Zubereitungszeit: 5 Minuten

Kochzeit: 5 Minuten

Portionen: 4

Zutaten:

- 12 mittlere Jakobsmuscheln
- 1 Teelöffel feines Meersalz
- gemahlener schwarzer Pfeffer nach Belieben
- Frische Thymianblätter, zum Garnieren (optional)

Wegbeschreibung:

1. Bereiten Sie die Zutaten vor. Fetten Sie den Korb der Luftfritteuse mit Avocadoöl ein. Heizen Sie die Heißluftfritteuse auf 390°F vor. Spülen Sie die Jakobsmuscheln ab und tupfen Sie sie vollständig trocken. Sprühen Sie die Jakobsmuscheln mit Avocadoöl ein und würzen Sie sie mit Salz und Pfeffer.

2. Luftfritieren. Legen Sie die Jakobsmuscheln mit etwas Abstand in den Korb der Fritteuse (wenn Sie eine kleinere Fritteuse verwenden, arbeiten Sie bei Bedarf in mehreren Chargen). Wenden Sie die Jakobsmuscheln nach 2 Minuten Garzeit und garen Sie sie weitere 2

Minuten oder bis sie durchgebraten und nicht mehr glasig sind. Mit gemahlenem schwarzen Pfeffer und Thymianblättern garnieren, falls gewünscht. Am besten frisch servieren.

Ernährung: Kalorien: 170 Kohlenhydrate: 8 g Fett: 11 g Eiweiß: 17 g

39. 3-Zutaten-Luftfriteuse Wels

Zubereitungszeit: 5 Minuten

Kochzeit: 15 Minuten

Portionen: 4

Zutaten:

- 1 Esslöffel gehackte Petersilie

- 1 Esslöffel Olivenöl

- ¼ C. gewürzte Fischbratlinge

- 4 Welsfilets

Wegbeschreibung:

1. Bereiten Sie die Zutaten vor. Stellen Sie sicher, dass Ihre Luftfritteuse auf 400 Grad vorgeheizt ist.

2. Spülen Sie die Welsfilets ab und tupfen Sie sie trocken. Füllen Sie das Fischbratgewürz in einen Ziploc-Beutel, dann den Wels. Den Beutel schütteln und sicherstellen, dass der Fisch gut bedeckt ist. Jedes Filet mit Olivenöl besprühen. Füllen Sie die Filets in den Frittierkorb.

3. Frittieren an der Luft. Stellen Sie die Temperatur auf 400°F und die Zeit auf 10 Minuten ein. 10 Minuten garen. Dann umdrehen und weitere 2-3 Minuten garen.

Ernährung: Kalorien: 208; Fett: 5g; Eiweiß: 17g; Zucker: 0,5g

40. Wels in Pekannusskruste

Zubereitungszeit: 5 Minuten

Kochzeit: 12 Minuten

Portionen: 4

Zutaten:

- ½ Tasse Pekannussmehl

- 1 Teelöffel feines Meersalz

- ¼ Teelöffel gemahlener schwarzer Pfeffer

- 4 (4 Unzen) Welsfilets

- Zum Garnieren (optional):

- Frischer Oregano

Wegbeschreibung:

1. Bereiten Sie die Zutaten vor. Fetten Sie den Korb der Heißluftfritteuse mit Avocadoöl ein. Heizen Sie die Fritteuse auf 375°F vor. Mischen Sie in einer großen Schüssel das Pekannussmehl, Salz und Pfeffer. Bestreuen Sie die Welsfilets nacheinander mit der Mischung, sodass sie gut bedeckt sind. Drücken Sie das Pekannussmehl mit den Händen in die Filets. Besprühen Sie die Fische mit Avocadoöl und legen Sie sie in den Korb der Fritteuse.

2. Luftbraten. Garen Sie den beschichteten Wels 12 Minuten lang, oder bis er leicht flockig und in der Mitte nicht mehr durchscheinend ist, und wenden Sie ihn nach der Hälfte der Zeit. Mit Oregano-Zweigen und Pekannusshälften garnieren, falls gewünscht.

Ernährung: Kalorien 162; Fett 11g; Eiweiß 17g; Kohlenhydrate insgesamt 1g; Ballaststoffe 1g

SNACKS UND NACHSPEISE

41. Apfel-Dattel-Mix

Zubereitungszeit: 10 Minuten

Kochzeit: 15 Minuten

Portionen: 4

Zutaten:

- 4 Äpfel, entkernt und in Würfel geschnitten
- 1 Teelöffel Vanille
- 1 Teelöffel Zimt
- 1/2 Tasse Datteln, entsteint
- 1 1/2 Tassen Apfelsaft

Wegbeschreibung:

1. Geben Sie alle Zutaten in den Innentopf der Heißluftfritteuse und rühren Sie gut um.

2. Versiegeln und 15 Minuten lang auf höchster Stufe kochen.

3. Sobald der Garvorgang abgeschlossen ist, lassen Sie den Druck 10 Minuten lang auf natürliche Weise ab, dann lassen Sie den Rest mit dem Schnellablass ab. Entfernen Sie den Deckel.

4. Umrühren und servieren.

Ernährung: Kalorien - 226 Eiweiß - 1,3 g Fett - 0,6 g Kohlenhydrate - 58,6 g.

42. Schokolade-Reis

Zubereitungszeit: 10 Minuten

Kochzeit: 20 Minuten

Portionen: 4

Zutaten:

- 1 Tasse Reis

- 1 Esslöffel Kakaopulver

- 2 Esslöffel Ahornsirup

- 2 Tassen Mandelmilch

Wegbeschreibung:

1. Geben Sie alle Zutaten in den Innentopf der Heißluftfritteuse und rühren Sie gut um.

2. Topf verschließen und 20 Minuten auf höchster Stufe kochen.

3. Sobald der Garvorgang abgeschlossen ist, lassen Sie den Druck 10 Minuten lang auf natürliche Weise ab, dann lassen Sie den Rest mit dem Schnellablass ab. Entfernen Sie den Deckel.

4. Umrühren und servieren.

Ernährung: Kalorien - 474 Eiweiß - 6,3 g Fett - 29,1 g Kohlenhydrate - 51,1 g.

43. Rosinen Zimt Pfirsiche

Zubereitungszeit: 10 Minuten

Kochzeit: 15 Minuten

Portionen: 4

Zutaten:

- 4 Pfirsiche, entkernt und in Stücke geschnitten

- 1 Teelöffel Vanille

- 1 Teelöffel Zimt

- 1/2 Tasse Rosinen

- 1 Tasse Wasser

Wegbeschreibung:

1. Geben Sie alle Zutaten in den Innentopf der Heißluftfritteuse und rühren Sie gut um.

2. Topf verschließen und 15 Minuten auf höchster Stufe kochen.

3. Sobald der Garvorgang abgeschlossen ist, lassen Sie den Druck 10 Minuten lang auf natürliche Weise ab, dann lassen Sie den Rest mit dem Schnellablass ab. Entfernen Sie den Deckel.

4. Umrühren und servieren.

Ernährung: Kalorien - 118 Eiweiß - 2 g Fett - 0,5 g Kohlenhydrate - 29 g.

44. Birnensauce

Zubereitungszeit: 10 Minuten

Kochzeit: 15 Minuten

Portionen: 6

Zutaten:

- 10 Birnen, in Scheiben geschnitten
- 1 Tasse Apfelsaft
- 1 1/2 Teelöffel Zimt
- 1/4 Teelöffel Muskatnuss

Wegbeschreibung:

1. Geben Sie alle Zutaten in die Heißluftfritteuse und rühren Sie gut um.

2. Topf verschließen und 15 Minuten auf höchster Stufe kochen.

3. Lassen Sie den Druck 10 Minuten lang auf natürliche Weise ab, und lassen Sie dann den Rest mit dem Schnellablass ab. Entfernen Sie den Deckel.

4. Pürieren Sie die Birnenmischung mit einem Stabmixer, bis sie glatt ist.

5. Servieren und genießen.

Ernährung: Kalorien - 222 Eiweiß - 1,3 g Fett - 0,6 g Kohlenhydrate - 58,2 g.

45. Warmes Pfirsichkompott

Zubereitungszeit: 10 Minuten

Kochzeit: 1 Minute

Portionen: 4

Zutaten:

- 4 Pfirsiche, geschält und gewürfelt
- 1 Esslöffel Wasser
- 1/2 Esslöffel Speisestärke
- 1 Teelöffel Vanille

Wegbeschreibung:

1. Geben Sie Wasser, Vanille und Pfirsiche in den Korb der Fritteuse.

2. Topf verschließen und 1 Minute lang auf hoher Stufe kochen.

3. Sobald dies geschehen ist, lassen Sie den Druck natürlich abfallen. Entfernen Sie den Deckel.

4. In einer kleinen Schüssel 1 Esslöffel Wasser und Maisstärke verquirlen und in den Topf geben und gut umrühren.

5. Servieren und genießen.

Ernährung: Kalorien - 66 Eiweiß - 1,4 g Fett - 0,4 g Kohlenhydrate - 15 g.

46. Gewürzbirnen-Sauce

Zubereitungszeit: 10 Minuten

Kochzeit: 6 Stunden

Portionen: 12

Zutaten:

- 8 Birnen, entkernt und gewürfelt
- 1/2 Teelöffel gemahlener Zimt
- 1/4 Teelöffel gemahlene Muskatnuss
- 1/4 Teelöffel gemahlener Kardamom
- 1 Tasse Wasser

Wegbeschreibung:

1. Geben Sie alle Zutaten in die Heißluftfritteuse und rühren Sie gut um.
2. Verschließen Sie den Topf mit einem Deckel und wählen Sie den Modus "Langsam kochen" und kochen Sie auf niedriger Stufe für 6 Stunden.
3. Pürieren Sie die Sauce mit einem Kartoffelstampfer.
4. In den Behälter gießen und aufbewahren.

Ernährung: Kalorien - 81Eiweiß - 0,5 g Fett - 0,2 g Kohlenhydrate - 21,4 g.

47. Honig-Fruchtkompott

Zubereitungszeit: 10 Minuten

Kochzeit: 3 Minuten

Portionen: 4

Zutaten:

- 1/3 Tasse Honig
- 1 1/2 Tassen Heidelbeeren
- 1 1/2 Tassen Himbeeren

Wegbeschreibung:

1. Geben Sie alle Zutaten in den Korb der Luftfritteuse und rühren Sie gut um.

2. Topf mit Deckel verschließen und 3 Minuten auf hoher Stufe kochen.

3. Sobald dies geschehen ist, lassen Sie den Druck natürlich abfallen. Entfernen Sie den Deckel.

4. Servieren und genießen.

Ernährung: Kalorien - 141 Eiweiß - 1 g Fett - 0,5 g Kohlenhydrate - 36,7 g.

48. Bananenchips

Zubereitungszeit: 5 Minuten

Kochzeit: 15 Minuten

Portionen: 8

Zutaten:

- ¼ Tasse Erdnussbutter, weich
- 1 Banane, geschält und in 16 Stücke geschnitten
- 1 Esslöffel Pflanzenöl

Wegbeschreibung:

1 Legen Sie die Bananenscheiben in den Korb Ihrer Heißluftfritteuse und träufeln Sie das Öl darüber.

2 Kochen Sie bei 360 Grad F für 5 Minuten.

3 In Schalen umfüllen und in Erdnussbutter getunkt servieren.

Ernährung: Kalorien 100, Fett 4, Ballaststoffe 1, Kohlenhydrate 10, Eiweiß 4

49. Zitronige Apfelhappen

Zubereitungszeit: 5 Minuten

Kochzeit: 5 Minuten

Portionen: 4

Zutaten:

- große Äpfel, entkernt, geschält und gewürfelt
- Teelöffel Zitronensaft
- ½ Tasse Karamellsauce

Wegbeschreibung:

1 Mischen Sie in Ihrer Heißluftfritteuse alle Zutaten; schwenken Sie sie gut.

2 Kochen Sie bei 340 Grad F für 5 Minuten.

3 In Tassen aufteilen und als Snack servieren.

Ernährung: Kalorien 180, Fett 4, Ballaststoffe 3, Kohlenhydrate 10, Eiweiß 3

50. Balsamico-Zucchini-Scheiben

Zubereitungszeit: 5 Minuten

Kochzeit: 50 Minuten

Portionen: 6

Zutaten:

- Zucchinis, in dünne Scheiben geschnitten
- Salz und schwarzer Pfeffer nach Geschmack
- Esslöffel Avocadoöl
- Esslöffel Balsamico-Essig

Wegbeschreibung:

1 Geben Sie alle Zutaten in eine Schüssel und mischen Sie sie.

2 Geben Sie die Zucchinimischung in den Korb Ihrer Heißluftfritteuse und garen Sie sie bei 220 Grad F für 50 Minuten.

3 Als Snack servieren und genießen!

Ernährung: Kalorien 40, Fett 3, Ballaststoffe 7, Kohlenhydrate 3, Eiweiß 7

SCHLUSSFOLGERUNG

Eine Luftfritteuse ist ein Gerät, das eine Wärmequelle nutzt, um Lebensmittel bei hohen Temperaturen zu garen. Die Lebensmittel werden durch einen geschlitzten Metallkorb transportiert, wobei die Temperatur durch einen Ventilator geregelt wird. So können Sie Lebensmittel schnell und mit minimaler Fettaufnahme garen.

Viele Menschen kennen den Unterschied zwischen einer Luftfritteuse und einer Fritteuse nicht. Die Gemeinsamkeiten zwischen beiden bestehen darin, dass sie beide einen Ventilator verwenden, um die Luft um die Lebensmittel herum zu zirkulieren. Der Unterschied besteht darin, dass eine Luftfritteuse eine geringe Menge Öl verwendet und es bei einer niedrigen Temperatur zirkulieren lässt, um die Lebensmittel gleichmäßig zu garen.

Wenn Sie auf der Suche nach einem Frittiergerät sind, aber kein Öl verschwenden wollen, sollten Sie eine Luftfritteuse ausprobieren. Am besten verwenden Sie sie, wenn Sie Ihr Essen vorher zubereiten und es dann in der Fritteuse fertig garen.

Tipps zur gesunden Ernährung

Bewahren Sie Ihre Reste clever auf

Eine Sache, die Sie beachten müssen, ist, dass Glas Aufbewahrungsbehälter nicht nur wiederverschließbar und wartbar sind; sie lassen Sie auch sehen, was Sie darin haben. Dies hilft Ihnen, den Überblick über alle Lebensmittel zu behalten, die Sie im Kühlschrank haben, wenn Sie die Kühlschranktür auf einen Blick öffnen. Wenn Sie Lebensmittel einfrieren, verwenden Sie transparente Zip-Lock-Beutel und beschriften Sie diese mit dem Inhalt und dem Datum.

Resteabend einrichten

Wann immer Ihr Kühlschrank oder Gefrierschrank mit Grillresten vollgestopft ist, müssen Sie sich dazu verpflichten, den Kühlschrank leer zu essen. Der beste Weg, dies zu tun, ist, mindestens ein oder zwei Abende pro Woche Reste zu essen.

Abendessen in Mittagessen verwandeln

Dies ist eine weitere Zeit- und Geldersparnis für Menschen, die einen vollen Terminkalender haben. Die einfachste Art, Reste zu verwenden, ist, eine kleine Portion für das Mittagessen aufzubewahren und sie mit zur Arbeit zu nehmen. Bedenken Sie, dass Sie mit ein wenig Planung eine

Woche lang ein gesundes Mittagessen für die Arbeit zubereiten können.

CPSIA information can be obtained
at www.ICGtesting.com
Printed in the USA
LVHW051632010621
689061LV00002B/353